VIEL GLÜCK!

Und deshalb wünsche ich dir
nicht nur ein kleines Quäntchen

in allen Lebenslagen, sondern auch
EINEN BRAUSENDEN, GLITZERNDEN,
MAGISCHEN GLÜCKSREGEN,
wann immer du ihn brauchst.

ICH WÜNSCHE DIR

365 TAGE

VOLLER ...

Leichtigkeit

BAUCHKRIBBELN

Höhenflüge

KONFETTI-LAUNE

Sonnenschein

GLÜCKLICH-
SEIN

STEHT DIR
NÄMLICH GANZ

hervorragend!

EINE HEIßE TASSE TEE,
EINE FESTE UMARMUNG,
EINE LIEBE POSTKARTE IM BRIEFKASTEN,
DIE ERSTEN GÄNSEBLÜMCHEN
IM FRÜHLING ...

Wenn du mal auf das

GROßE
GLÜCK

warten musst,
dann genieße in der Zwischenzeit
einfach schon mal

das kleine!

Jeder schöne

MOMENT

hinterlässt einen kleinen

ABDRUCK IM HERZEN.

Glücksliste für dich:

IM BETT LIEGEN BLEIBEN

An etwas Schönes denken

ÜBER DIE BLÜMCHEN AM
WEGESRAND FREUEN

Den Sternenhimmel bestaunen

EINFACH GLÜCKLICH SEIN

Nimm dir heute mal
Zeit für alles, was dich zum
LÄCHELN BRINGT!

FOLGE AUF DEINER
REISE ZUM GLÜCK IMMER
DEINEM HERZEN.

Es ist

DEIN
KOMPASS

und kennt den

richtigen Weg!

Doch keine Sorge, wenn du dich
mal verläufst – abseits der bekannten

WEGE

gibt es oft
DIE SCHÖNSTEN DINGE
ZU ENTDECKEN.

UND MANCHMAL
FÜHRT EIN HOLZWEG JA AUCH
ans Meer.

VERGISS NICHT:

**Es ist nie zu spät,
um deine Träume
zu jagen.**

ALSO LOS, TRAU DICH!
DU BIST VIEL MUTIGER UND STÄRKER,
ALS DU DENKST.

ICH GLAUB AN DICH!

Am Anfang braucht man oft *Mut* …

... um am Ende

GLÜCKLICH
ZU SEIN.

EINE EISDIELE ERÖFFNEN,
EINEN MARATHON LAUFEN
ODER MIT DEM WOHNMOBIL UM DIE
WELT REISEN ...

Ganz egal, was du dir wünschst:

SCHMIEDE PLÄNE,

die so groß und

glänzend

sind, dass du sie nie
aus den Augen verlierst!

GLAUBE AN

Wunder

und greife

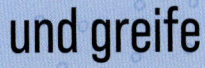

NACH DEN STERNEN!

Auf deinem
Weg zum

GLÜCK

wünsche ich dir ...

liebe Menschen, die dich anfeuern

UNVERGESSLICHE ABENTEUER

grandiose Einfälle

BUNTE HOFFNUNGSSCHIMMER,
DIE ALLE SORGEN VERTREIBEN

Augenblicke voller Magie

Aber gönn dir

AB UND AN AUCH MAL

EINE PAUSE,

such dir ein Plätzchen in der

Sonne,

schließe die Augen

UND SEI STOLZ AUF ALLES,

was du bisher geschafft hast.

Und wenn etwas
doch mal nicht so funktioniert,

WIE DU

es dir vorgestellt hast,

PROBIERE ES MORGEN
EINFACH NOCHMAL.

JEDER TAG
IST EINE NEUE, WUNDERVOLLE
Chance!

BLEIB GELASSEN

und ärgere dich nicht,
wenn du mal ins
Stolpern gerätst ...

STEH WIEDER AUF,
ATME TIEF DURCH, LÄCHLE

UND MACH WEITER!

Tunke blöde Tage

IN EIN BISSCHEN GLITZER

und lass sie funkeln!

GLÜCK IST NÄMLICH NICHT NUR
ETWAS, WAS MAN HAT,
SONDERN AUCH DAS,
WAS DU DARAUS MACHST.

Du wirst sehen:

DAS GLÜCK MAG

hartnäckige Menschen!

LACHE
TANZE
GENIEẞE
LIEBE
TRÄUME

...UND LASS DICH
VOM LEBEN
verzaubern!

Mit dir macht alles einfach viel mehr

SPAß!

ES IST SO SCHÖN,
DASS ES DICH GIBT!

Deshalb soll es für dich ...

Und jetzt:

AUF DIE PLÄTZE ...

GLÜCKLICH ...

Los!

DAS
GLÜCK

ist nämlich viel zu wichtig,
um es auf später zu
verschieben!

UND GANZ EGAL,
        WO DU ES FINDEST ...
NIMM DIR IMMER EIN
        KLEINES STRÄUßCHEN
DAVON MIT NACH HAUSE!

ICH WÜNSCHE DIR
VON HERZEN:
ALLES GLÜCK
der Welt!

Mögen alle deine schönsten
und funkelndsten

TRÄUME

IN ERFÜLLUNG GEHEN.

**Wir von GROH wollen die Welt
ein bisschen verschönern – mit liebevollen
Geschenken, die glücklich machen.**

GROH.DE

@die_geschenkverlage

Bildnachweis: Innenteil: Shutterstock.com.
Text: Kristin Funk
Cover: Barbara Fuchs
Layout: Doris Wohofsky, Dipl. Kommunikationsdesignerin
Satz: Petra Schmidt Grafik Design
Gesamtherstellung: Drukarnia Dimograf Sp. z o.o., Bielsko Biała

ISBN 978-3-8485-0303-2
© 2024 Groh Verlag. Ein Imprint der Verlagsgruppe
Droemer Knaur GmbH & Co. KG
Maria-Luiko-Straße 54, 80636 München
www.groh.de

Kontaktadresse nach EU-Produktsicherheitsverordnung:
produktsicherheit@droemer-knaur.de

MIX
Papier | Fördert
gute Waldnutzung
FSC® C018236

2 3 4 5 6